KUNSTHAUS ZÜRICH

David Chipperfield Architects Berlin et le Kunsthaus Zürich

Scheidegger & Spiess

TABLE DES MATIÈRES

L'extension du Kunsthaus Zürich ouvrira ses portes au public alors que, pas à pas, nous parvenons à laisser derrière nous la phase de distanciation imposée par la pandémie de Covid-19. Face aux événements de cette dernière année et aux bouleversements qu'ils ont entraînés dans notre mode de vie, on cherchera peut-être à tirer une leçon de cette immobilisation et à saisir des occasions de changer. Tandis que nombre de spéculations dépassent sans doute de loin l'objectif, il est certain que la phase actuelle marque une rupture, aussi bien d'un point de vue émotionnel que physique. En tant qu'architectes, nous ne savons pas quelles en seront les implications pour notre avenir, mais nous pouvons saisir cette occasion rare que nous offre notre époque de considérer le présent avec davantage de distance. Ces dernières années, nos villes ont été de plus en plus façonnées par le pouvoir de l'investissement et de la valeur foncière plutôt qu'aménagées conformément aux besoins et aux attentes des citoyens et des citoyennes. Or, si l'on renonce à l'idée de la ville comme appartenant aux gens qui y vivent et se développant à leur image, l'idée fondamentale de ce qui fait la ville est perdue.

La question se pose immanquablement de savoir si les expériences de la pandémie nous forceront à modifier radicalement les villes, les lieux de travail et les endroits de rencontre. La vérité est peut-être que nous avons développé une conscience plus aiguë de l'environnement dans lequel nous vivons. Dans de telles conditions, le rôle de notre environnement construit à la fois pour être un refuge et un lieu de vie commune apparaît plus clairement. Nous percevons la valeur des parcs, ces espaces qui nous permettent de nous mouvoir et de respirer, mais aussi celle des prestations et des infrastructures techniques qui assurent le fonctionnement de nos villes. En outre, nous savons désormais à quel point l'infrastructure sociale et culturelle de la ville est elle aussi décisive pour ceux et celles qui l'habitent. Les institutions qui la constituent n'incarnent pas seulement le désir de connaissance et d'inspiration, mais donnent aussi forme à des objectifs communs, à notre désir de progresser individuellement et collectivement.

Dans cette perspective, nous pouvons nous pencher sur les trente dernières années comme sur une période au cours de laquelle quantité de nouveaux musées et d'extensions ont été construits, avec un réajustement substantiel de leur importance. Désormais, ils ne sont plus seulement des lieux de conservation de beaux artefacts, mais des lieux d'éducation, de formation et de dialogue. Les musées tentent de s'adresser à un public plus large, d'étendre leur rayon d'action, d'augmenter le nombre de leurs visiteurs et de renforcer leur pertinence sociale et culturelle en tant que lieu où l'on se rend. Leurs offres sont devenues plus séduisantes, pas seulement parce que les zones d'exposition ont été agrandies, mais aussi parce que sont proposées davantage de commodités et d'activités. Quand de nouveaux systèmes d'information se sont imposés, on a craint que ces institutions aient fait leur temps, mais l'appréciation des œuvres et des objets d'art, bien qu'elle repose souvent sur une rencontre très personnelle, reste une expérience que nous partageons volontiers avec nos concitoyens et concitoyennes. Même à une époque de plus en plus numérique, le musée n'a rien perdu de sa signification : il a vu son rôle social se renforcer.

Évidemment, pour beaucoup de musées, cette volonté de popularité n'est pas seulement motivée par le souhait d'une plus grande pertinence sociale, mais aussi par la nécessité d'assurer leur survie financière. La collecte de fonds fait partie d'un processus continu, indispensable au développement de programmes, d'installations et d'infrastructures architectoniques, dans le but d'attirer davantage de public à l'échelle locale et internationale.

Quel rôle l'architecture joue-t-elle au sein de cette vaste mutation ? Il ne fait aucun doute que l'extension architecturale est décisive pour permettre de nouveaux programmes d'exposition et améliorer l'accessibilité des institutions. En outre, elle fait aussi partie de ce qui forge la marque et la visibilité. Se montrer à la hauteur d'un tel rôle est à la fois stimulant et délicat. On a ainsi pu observer une tendance à encourager une architecture spectaculaire, où le rôle du bâtiment est déplacé, ce dernier ne créant pas seulement de meilleures conditions d'exposition pour l'art, mais aiguisant aussi le profil de l'institution à travers l'image donnée.

L'importance de toute institution culturelle résulte en premier lieu du rôle qu'elle joue in situ. Son architecture peut renforcer sa position et créer un environnement qui stimule la relation entre le programme et le public. Nous ne devrions cependant pas surestimer ici le rôle de l'architecture, ni le sous-estimer. Les musées doivent continuer à se confronter sérieusement à des sujets de société et au monde dans lequel nous vivons, ils doivent s'adresser à part égale aux gens qui vivent sur place et aux visiteurs du monde entier. Et ils ont une responsabilité croissante quand il s'agit de susciter des idées ou de créer des espaces de discussion.

Si de telles considérations ont joué un rôle dans le projet du Kunsthaus Zürich, la priorité a cependant été donnée au statut de l'institution et à la qualité des collections, ce qui nous a mis dans la position de considérer la création du nouveau bâtiment comme un acte de consolidation.

Inévitablement, des craintes et des doutes ont surgi quant à la taille du projet et à sa présence physique dans la ville. La hiérarchisation des différents facteurs nous a heureusement permis de nous focaliser d'abord sur le contenu et les objectifs plutôt que de nous laisser divertir par la question de l'image. Nous avons pu concentrer nos efforts sur la mise en œuvre des idées qui répondaient aux exigences fondamentales de l'institution : présenter les collections au public, ériger un bâtiment qui soit à la fois une invitation et une inspiration, créer des espaces qui incitent à la prise de position et au dialogue et renforcer la présence du musée dans la ville.

Notre premier pas a été de développer un concept sur la manière dont le musée pouvait, d'une part, présenter l'éventail de collections et d'activités et, d'autre part, faciliter l'orientation du public. Le musée est un lieu tout à la fois de mouvement et d'immobilisation. Il est donc nécessaire de recourir à un guidage clair qui permette au visiteur de se sentir libre d'évoluer dans les espaces. Notre choix s'est fixé sur l'enfilade d'inspiration classique – des salles placées à la suite les unes des autres –, avec un intérêt porté sur la succession et l'orientation, sur la proportion et l'éclairage, qu'il soit artificiel ou naturel. L'autre inspiration est née de notre souci du contexte. Nous avions bien sûr conscience du statut du bâtiment dans ses abords immédiats – d'abord dans sa relation avec le bâtiment principal de Karl Moser et les extensions postérieures, ensuite en tant que contribution à la structure urbaine de Zurich. Particulièrement attentifs à l'impression potentielle produite par le bâtiment en sa qualité de construction autonome, nous avons cherché un langage architectonique qui soit en harmonie avec son importance monumentale et civique dans le contexte du Kunsthaus comme de la redéfinition de la Heimplatz elle-même.

Notre objectif était de concevoir un bâtiment dont le caractère et la personnalité en tant qu'extension se définisse non pas par une volonté de spectaculaire, mais par son adéquation. Nous avons donc renoncé volontairement aux gestes superficiels d'une architecture autoréférentielle. Le bâtiment exprime une identité propre, certes, mais du point de vue de ses matériaux et de sa forme, il recherche aussi des points communs avec son site d'implantation et s'inspire de la ville qui l'entoure. À présent que le bâtiment est achevé, je suis convaincu qu'il ne contribue pas seulement à souligner l'importance de l'institution Kunsthaus ou le rôle de la culture dans notre avenir commun, mais qu'il constitue aussi une part de l'infrastructure urbaine qui donne forme aux aspirations de la société civile, à travers la présentation de son architecture et l'importance nouvelle de la Heimplatz dans l'espace public de Zurich.

David Chipperfield
Fondateur David Chipperfield Architects
Mai 2021

Un lieu d'expérience active et contemplative

—
Quatre protagonistes exposent leurs idées et évoquent leur collaboration pour le nouveau Kunsthaus

Sabine von Fischer
JE SUIS RAVIE QUE NOUS PUISSIONS MENER EN DIRECT CET ENTRETIEN GRÂCE AUX MOYENS VIDÉO ET AVOIR AINSI UNE DISCUSSION SPONTANÉE SUR VOTRE COLLABORATION POUR LE NOUVEAU KUNSTHAUS ZÜRICH. L'EXTENSION A PERMIS AU MUSÉE DE DOUBLER SA SURFACE. CHRISTOPH BECKER, VOUS ÊTES LE DIRECTEUR DU KUNSTHAUS ZÜRICH ET DITES À CE SUJET : « CE N'EST PAS SEULEMENT LA TAILLE QUI A ÉVOLUÉ, C'EST AUSSI LE CARACTÈRE. » LE PUBLIC COMPRENDRA-T-IL QUE LE MUSÉE NE VEUT PAS ÊTRE UNE INSTITUTION DÉTACHÉE DE LA VIE URBAINE ?

Christoph Becker
Depuis 1910, le Kunsthaus est un centre d'art contemporain en pleine ville, sur la Heimplatz. À travers sa collection, il est devenu un grand musée de dimension européenne. Nous ne nous contentons pas d'agrandir le bâtiment : nous faisons un pas de plus vers le XXIe siècle en continuant à façonner cette idée d'une institution ouverte. Nous créons de nouveaux espaces pour l'art comme pour le public. Et nous offrons ainsi à la population un nouveau lieu culturel en centre-ville.

Sabine von Fischer
EN CE QUI CONCERNE L'OUVERTURE ET LE CARACTÈRE PUBLIC, JUSTEMENT, MA PROCHAINE QUESTION S'ADRESSE AUX ARCHITECTES DE BERLIN : CHRISTOPH FELGER, VOUS QUI AVEZ TRAVAILLÉ PENDANT DOUZE ANS À L'ÉLABORATION D'UN MUSÉE OUVERT, VOUS DITES QU'IL S'AGIT D'ENCOURAGER LES GENS À FRANCHIR LE SEUIL D'UN SANCTUAIRE DE L'ART. COMMENT L'ARCHITECTURE PEUT-ELLE PROTÉGER L'ART TOUT EN S'OUVRANT À LA VILLE ?

Christoph Felger
La protection est un aspect qu'il faut surtout imputer de nos jours à l'envolée du prix des œuvres d'art et aux exigences de sécurité qui en résultent. Je ne suis pas certain qu'il faille parler de protection dans le contexte de l'expérience artistique active ou contemplative. Si tant est qu'il soit possible de répondre à ce désir d'un espace pour la contemplation, la question qui se pose est plutôt celle du contrôle de l'affluence. Devant la « Mona Lisa » de Leonardo da Vinci, si je me trouve dans une foule compacte, l'expérience n'est certainement pas la même que si je suis avec un nombre de gens restreint, voire seul. Selon moi, c'est cet aspect qui reflète l'un des grands dilemmes de toutes les institutions culturelles aujourd'hui.

Sabine von Fischer
MALGRÉ TOUT, VOTRE SOUHAIT ÉTAIT DE RENDRE LE MUSÉE ACCESSIBLE AU PLUS GRAND NOMBRE ?

Christoph Felger
Absolument ! Nous devons changer cette vision du musée comme quelque chose d'exclusif et d'élitaire, et de nombreux musées y travaillent par chance depuis déjà très longtemps. Il y a toujours des musées qui attirent moins de 30 % de la population locale. Ma conviction est que le musée doit devenir une institution populaire pour tous les citoyens. C'est aussi ce sur quoi s'est accordé le Conseil international des musées. Ces évolutions sont décisives, et la Tate Modern de Londres est peut-être l'exemple le plus significatif en Europe de cette « ouverture » de l'institution muséale. Reste un point crucial : l'équilibre entre d'un côté le nombre de visiteurs, prescrit par l'exigence publique comme par la rentabilité de tels bâtiments, et de l'autre les espaces protégés, contemplatifs, qui permettent l'expérience artistique. Dans la nouvelle extension, l'invitation à la population de Zurich s'exprime plus particulièrement sous la forme du hall libre d'accès, qui traverse tout le bâtiment dans une volonté d'éveiller l'intérêt et la curiosité des passantes et des passants. En ce qui concerne cette thématique de l'ouverture, c'est peut-être là l'élément architectonique fondamental que nous avons donné à la population de Zurich.

Christoph Becker
Directeur du Kunsthaus Zürich

—

David Chipperfield
Fondateur David Chipperfield Architects
(avec traduction simultanée)

—

Christoph Felger
Architecte associé et directeur du design chez David Chipperfield Architects Berlin

—

Wiebke Rösler Häfliger
Directrice de l'Office des constructions de la ville de Zurich, présidente de la commission de construction

—

Entretien animé par
Sabine von Fischer
Rédactrice spécialiste d'architecture

« Le bâtiment se dresse sur la place et lui donne de nouvelles dimensions, d'ores et déjà perceptibles. »

Sabine von Fischer

DAVID CHIPPERFIELD, VOUS AVEZ CITÉ COMME RÉALISATION DE RÉFÉRENCE LA TATE MODERN DE LONDRES, VILLE OÙ VOUS VIVEZ ET TRAVAILLEZ. LE TURBINE HALL, DITES-VOUS, EST CERTES PLUS GRAND QUE LE HALL DE ZURICH, MAIS CE DERNIER SE TROUVE QUANT À LUI AU CŒUR DE LA VILLE. CES DEUX ESPACES SONT-ILS VRAIMENT COMPA-RABLES ?

David Chipperfield

On ne saurait bien sûr exagérer l'analogie avec la Tate Modern ! Mais comme c'est le cas pour la Tate, on n'a pas besoin de billet pour pénétrer dans le grand hall du Kunsthaus. Dans cette comparaison, la dimension sociale du projet est bien plus importante que la dimension spatiale. Il est donc plus judicieux d'aborder ce sujet sous l'angle du nouveau rôle des musées. Les musées doivent bien sûr veiller sur leurs trésors, mais ils doivent aussi s'adresser à des tranches de la population toujours plus larges et moins spécialisées. Ils deviennent une source de réflexion et de critique. En même temps, qu'ils le veuillent ou non, leur impor-tance pour la société grandit, tandis que d'autres médias, tels les journaux, connaissent une crise de confiance accrue. Les musées incarnent alors pour ainsi dire des lieux de vérité, des réserves de la réflexion collective. Et l'institution muséale se transforme en une infrastructure non seulement culturelle, mais aussi sociale.

Sabine von Fischer

COMMENT LA DIMENSION SOCIALE DU MUSÉE S'EXPRIME-T-ELLE ?

David Chipperfield

Quand on a demandé à Nick Serota, alors directeur de la Tate, pourquoi il voulait encore construire une extension, il a répondu : « It's become a place to go » – c'est devenu un lieu où aller, une destination en soi. Ce qui nous intéresse, c'est qu'au cours de son histoire, le musée a été un objectif précis où l'on allait voir une certaine exposition, par exemple Cézanne, alors qu'au-jourd'hui, la Tate est un lieu où l'on se rend simplement comme ça. À Zurich, les gens diront donc aussi un

13

jour : « Et si on allait au Kunsthaus ? », sans savoir ce qu'on y expose alors. C'est ainsi que les musées gagnent en importance, et les artistes se consacrent aussi davantage à des sujets actuels essentiels ; le musée est donc de plus en plus un lieu de débat social. Comme pour la Tate, notre ambition était de positionner au centre de l'extension un vaste espace ouvert, qui permette de s'orienter dans le bâtiment et serve d'intermédiaire entre l'univers de la vie publique et celui de l'institution.

Sabine von Fischer

CE HALL, CONÇU COMME UN ESPACE PUBLIC AU SEIN D'UN BÂTIMENT PRIVÉ, DOIT DONC DEMEURER À L'AVENIR UN LIEU DE DÉBAT. WIEBKE RÖSLER, QU'AIMERIEZ-VOUS VOIR S'Y PRODUIRE ?

Wiebke Rösler Häfliger

Dès le début, le grand hall a été au cœur de l'étude. C'est l'une des principales raisons pour lesquelles ce projet a remporté le concours, avec le passage à travers le bâtiment : le hall relie la Heimplatz au jardin et, au-delà, au quartier universitaire. Si vous me demandez quels sont mes souhaits : j'aimerais que les gens fassent usage de cette proposition, qu'ils traversent le hall quand ils passent dans ce quartier. Peut-être ralentiront-ils le pas et laisseront-ils cet espace grandiose faire effet sur eux. Le hall est une invitation à s'arrêter, à découvrir. Les gens appréhenderont le lieu à travers l'architecture et la proposition qu'incarne cet espace. Sans beaucoup de mots.

David Chipperfield

Il est important de comprendre que l'architecture ne conditionne pas un comportement précis. Nous défendons depuis longtemps l'idée que les bâtiments ne doivent pas être déterminés d'un point de vue fonctionnel – c'est un aspect majeur de notre travail. En revanche, l'architecture peut susciter, suggérer, encourager certaines manières de se comporter. Au fond, le Kunsthaus Zürich est un bâtiment conservateur, qui se fonde sur des principes ayant fait leurs preuves dans la construction muséale : il y a des pièces, des enfilades, une orientation. En arrivant, on veut savoir où aller, et quelle est la taille de l'en-

semble. Finalement, on a à la fois envie de se perdre et de se repérer. Voilà pourquoi le hall est si important, c'est en cela qu'il est l'élément clé du bâtiment. Il met en relation le caractère ouvert de la ville, le caractère fermé du bâtiment et le guidage du visiteur. C'est la clé de voûte. Comme Christoph Felger l'a déjà dit, l'architecture détermine le cadre dans lequel quelque chose peut se produire, mais pas le contenu. Elle suggère les événements possibles dans un espace en éveillant l'imagination à un éventail de possibilités plutôt qu'à une seule.

Christoph Becker

Aussi simple que cela puisse paraître aujourd'hui, la tâche était vraiment complexe. D'un côté, il fallait prévoir une connexion avec le quartier universitaire. De l'autre, et c'était notre souhait depuis le début, le hall représente aussi ce que l'institution propose : un bar, une boutique, de vastes espaces de médiation culturelle, une salle de réception, un large escalier vers le premier étage, où s'ouvrent les salles d'exposition à proprement parler. Le hall, qui est à présent beaucoup décrit comme un axe, est finalement un lieu dans lequel on pénètre et où l'on choisit une direction. Il ne s'agit pas de simplement le traverser pour ressortir de l'autre côté, sans acheter de billet. Quand on promène le regard vers la gauche, la droite, le haut, le musée se dessine dans sa grande complexité architectonique et montre que derrière ce hall, à coté et au-dessus de lui, d'autres choses existent.

Christoph Felger

Le hall occupe l'espace depuis la façade qui donne sur la place jusqu'au jardin, et du sol au plafond. En haut se trouvent les enfilades dont David a déjà parlé. L'architecture crée ainsi un cadre à l'intérieur duquel je peux aller de la perception active à la perception passive, en parcourant des salles de formes très différentes : cela va du hall ouvert à de très petites salles d'exposition, des cabinets, parfois avec un éclairage latéral ou zénithal, qui génèrent une certaine intimité. Le parcours dans le musée traverse différentes ambiances qui permettent une expérience active ou encore contemplative de l'art.

Sabine von Fischer

QU'APPORTENT CES NOUVEAUX ESPACES
INTÉRIEURS À L'ESPACE EXTÉRIEUR ?

Wiebke Rösler Häfliger

Grâce au volume du bâtiment Chipperfield, l'espace
extérieur urbain, en l'occurrence la Heimplatz, est ceint
de manière bien plus substantielle qu'auparavant.
Le bâtiment a une influence très bénéfique sur les
dimensions de la place, et je crois que cela agit
directement sur les gens qui la traversent. Le jardin
est quant à lui un nouvel espace extérieur supplé-
mentaire. Je suis certaine que ce jardin sera lui aussi
bien accueilli par la population.

Christoph Felger

C'est pour cela que le hall doit aussi être considéré
comme une extension de l'espace public, car il
rapproche la ville des gens, et les gens, de l'art.
Mon souhait est que la population adopte ce hall et
qu'elle le considère comme sien.

David Chipperfield

Il ne sera pourtant jamais un espace vraiment public,
même si l'on peut le percevoir comme tel. À l'instar
d'un vaste bureau de poste ou d'un hall de gare,
il dépend d'une institution tout en voulant s'intégrer
dans le bien public.

Wiebke Rösler Häfliger

Il faut seulement oser passer la porte dorée de ce hall !

Sabine von Fischer

POUR REPRENDRE CETTE IDÉE DE WIEBKE RÖSLER,
PÉNÉTRER DANS LE HALL EST DONC UNE ENTRE-
PRISE OSÉE. MAIS COMME VIENNENT DE LE DIRE
CHRISTOPH BECKER ET CHRISTOPH FELGER, LE
HALL EST AUSSI UN LIEU AUX POSSIBILITÉS MUL-
TIPLES. ET DAVID CHIPPERFIELD A SOULIGNÉ QUE
L'ART AUJOURD'HUI ÉTAIT AUTORISÉ À FAIRE CE
QUE PERSONNE NE S'AUTORISE PLUS SINON, PAS
MÊME LES JOURNAUX. C'EST POURQUOI LA QUESTION
DE TOUT CE QUI POURRA SE DÉROULER DANS CE
HALL VA NOUS DEMANDER BEAUCOUP D'ATTENTION.

Wiebke Rösler Häfliger

Faire du skateboard, par exemple ? Sur le principe,
toutes les activités extérieures sont envisageables, à
cette différence près que nous nous trouvons dans
un espace couvert où cohabitent des voisinages rap-
prochés.

David Chipperfield

Mais il ne faut pas oublier qu'à Zurich, même l'espace
extérieur est bien rangé ! (Il rit.) Et bien évidemment,
cet espace est surveillé, il y a du personnel.

Christoph Becker

Nous avons déjà eu des skateboards dans la grande
salle d'exposition et, mis à part le bruit, cela s'est bien
passé. Le hall peut accueillir une grande variété
d'événements, il a vraiment été conçu pour être multi-
fonctionnel. Concernant la construction du bâtiment,
nous avons spécialement tenu à ce que le hall lui-
même ne constitue pas une issue de secours, et qu'il
soit donc possible d'y organiser des manifestations
avec beaucoup de monde – qu'il s'agisse d'événements
artistiques, de locations ou de nos propres manifestations, comme des fêtes ou des bals, que nous pouvons
désormais proposer grâce à la salle de réception. Par
conséquent, le hall est un lieu autant culturel que social. C'est là ce qui caractérise le musée du XXIe siècle :
il n'est plus seulement le lieu d'une « appréciation
élitaire de l'art », mais aussi le lieu à partir duquel la
culture va vers le public.

Sabine von Fischer

CES DERNIERS MOIS, L'OPINION PUBLIQUE S'EST
SURTOUT INTÉRESSÉE À LA COLLECTION BÜHRLE
EXPOSÉE DANS LE NOUVEAU BÂTIMENT ET À SES
IMBRICATIONS AVEC LES SPOLIATIONS PENDANT LA
GUERRE. QUE SE PASSERAIT-IL SI LE HALL ACCUEIL-
LAIT UN FORUM DE DISCUSSION SPONTANÉ SUR CE
SUJET ?

Christoph Becker

Le hall est tout à fait à même de le supporter. Nous
savions dès le début que, d'une part, l'agrandissement
très significatif de l'institution et, d'autre part, ses
contenus, donneraient matière à débat, et c'était aussi

notre souhait. Bien sûr, nous voulons proposer plus d'espace à notre propre collection et la présenter autrement qu'au cours du siècle passé. Mais nous voulons aussi montrer qu'à Zurich et en Suisse, de grandes collections privées cherchent le contact avec les institutions publiques. Pour certaines collections, cela implique inévitablement des discussions, puisqu'elles se sont constituées au XXe siècle. Dans le cas de la collection Bührle, en l'occurrence, le concept prévoyait dès le début de lui accorder dans l'extension du Kunsthaus une présence publique différente de ce qu'elle avait connu pendant les cinquante ou soixante années de son existence dans la villa privée de la Zollikerstrasse. Cette collection revêt une importance majeure pour l'histoire de l'art, et elle s'est constituée sur un arrière-plan historique compliqué, dont nous rendrons aussi compte dans le nouveau bâtiment. Pour moi, l'une des missions du musée à l'heure actuelle est de ne pas se contenter d'offrir une « expérience artistique pure », mais de montrer aussi les liens historiques et le contexte social.

Sabine von Fischer
LE DÉBAT OUVERT ET L'EXPÉRIENCE ARTISTIQUE CONTEMPLATIVE SE CÔTOIENT DANS LE NOUVEAU KUNSTHAUS : DES MOYENS TECHNIQUES INGÉNIEUX PERMETTENT D'EFFACER LES BARRIÈRES ENTRE LE HALL ET LES SALLES D'EXPOSITION, AVEC DES CLOISONS ENTIÈRES QUI DISPARAISSENT DANS LE SOL OU COULISSENT SUR LE CÔTÉ. DANS LE HALL, ON PEUT AINSI APPRÉHENDER PLEINEMENT LES RELATIONS ET LE MOUVEMENT À L'ŒUVRE DANS LE BÂTIMENT. DU POINT DE VUE DU COMMISSARIAT D'EXPOSITIONS, SERAIT-IL ENVISAGEABLE QUE CE DYNAMISME DE L'ESPRIT ARCHITECTURAL METTE AUSSI EN MOUVEMENT LES COLLECTIONS ?

Christoph Becker
Certaines collections exigent d'être présentées en vase clos, notamment pour démontrer ce qui fait la particularité d'une collection donnée. Cela me semble être un moyen pertinent de garder lisibles les coulisses historiques de sa constitution. Pour nous, il a toujours été clair que les œuvres de la collection Bührle devaient

d'abord être exposées ensemble, mais qu'il y aurait aussi un rattachement aux œuvres d'art confiées de longue date à la Zürcher Kunstgesellschaft. Il s'agit de faire apparaître une continuité entre certaines œuvres et certains groupes. Dans bien des cas, on observe déjà des modifications et de légers décalages en marge des ensembles qui s'installent dans les musées. Il y aura aussi des contrastes très marqués.

Sabine von Fischer
À QUEL TYPE DE CONTRASTES PENSEZ-VOUS ?

Christoph Becker
La nouvelle présentation prévoit notamment qu'on ne progresse pas simplement de manière chronologique dans l'histoire de l'art, mais que les œuvres puissent dialoguer au-delà des époques et des styles. Tel est le concept de la première présentation pour le nouveau Kunsthaus, qu'il s'agisse des bâtiments existants ou de l'extension : les œuvres de diverses époques se répondent.

Christoph Felger
Dans le contexte du débat sur la collection Bührle, actuellement présent dans les médias, je trouve intéressante cette idée que les musées deviennent peut-être des lieux de vérité. À une époque où les institutions traditionnelles de la politique, de la religion et de la presse font face à une crise de confiance, les sujets qui façonnent la société pourraient être discutés dans les structures muséales. Je crois que les musées, de plus en plus, sont des lieux de débat. Quelle société voulons-nous former, avec quelles valeurs voulons-nous vivre ? S'il est permis de considérer le hall comme un symbole de cette évolution, c'est qu'à travers l'architecture, nous avons contribué à faire de ce lieu un lieu vivant.

David Chipperfield
Du point de vue de l'architecte, la question se pose de la place du musée dans la société. En tant qu'institution, il a acquis une importance incroyable au cours des vingt dernières années. Ce qui est en cause ici, c'est la capacité à endosser des responsabilités. Nous pouvons mesurer l'ampleur de la contribution des

musées à la communauté, alors que tout autour, bien des domaines sont soumis aux seuls intérêts privés. Socialement parlant, le musée incarne ainsi un moment désormais rare en architecture : nous pouvons encore espérer contribuer véritablement à la structure urbaine. Le musée devient un lieu d'exception non seulement d'un point de vue intellectuel, mais aussi pour la ville – un lieu dédié à la liberté de la pensée.

Sabine von Fischer

CETTE LIBERTÉ S'APPLIQUE À L'ART ET AU PUBLIC. MAIS QU'EN EST-IL DE LA LIBERTÉ DES ARCHITECTES ?

David Chipperfield

Concevoir un projet de musée est une tâche formidable pour nous, car bien des espoirs quant à l'influence de l'architecture y convergent. Le musée est une sorte de temple de la réflexion indépendante et, parallèlement, une occasion pour l'architecture de jouer aussi un rôle social en contribuant comme on l'a dit au bien public. Les architectes se trouvent souvent dans la situation de vouloir convaincre les autres de quelque chose, mais sans y parvenir. C'est une position inconfortable, car notre ambition est de représenter une idée en faveur du bien commun. Nous avons donc toujours veillé à ne pas devenir des égoïstes créatifs, mais à placer notre créativité au service de la réalisation d'une idée commune. Christoph Felger et moi, nous nous demandons alors toujours qui est notre donneur d'ordres : les gens qui, pour une raison ou une autre, veulent réaliser une idée et payent nos factures ? Ou la sphère publique, qui doit ensuite vivre avec le bâtiment ? Nous considérons notre travail sur cette idée commune comme étant à la fois au service du donneur d'ordre et de la sphère publique.

Sabine von Fischer

L'EFFET DE CETTE IDÉE COMMUNE DÉPASSE D'AILLEURS LE BÂTIMENT ET INFLUE SUR TOUTE LA VILLE. VOUS AVEZ CONSTRUIT DANS DE NOMBREUX ENDROITS DU MONDE, QUELLES SONT VOS IMPRESSIONS SUR ZURICH ?

David Chipperfield

Le terrain culturel sur lequel repose un musée a certainement une grande influence sur ce qu'on entend par « public » et « ouverture ». Construire un tel bâtiment pour le public sur la Heimplatz de Zurich ou bien à Mexico City, ce n'est pas la même chose. Dans nombre d'endroits où nous avons travaillé, la sphère publique ne subsistait que sous forme rudimentaire. Mais, je le répète, ce n'est pas le cas de Zurich ! La Suisse bénéficie d'un sens aigu de la communauté, et donc des idées et des processus sociaux qui lui sont liés. C'est loin d'être une évidence partout. Nous avons connu bien des endroits où les structures publiques sont complètement érodées.

Sabine von Fischer

QUE DE COMPLIMENTS POUR LA VILLE DE ZURICH ! WIEBKE RÖSLER, QUELS DÉFIS AVEZ-VOUS RENCONTRÉS ?

Wiebke Rösler Häfliger

Pour commencer, comme dans le cadre de n'importe quel projet, il faut convaincre la politique. Nous devons savoir que les différentes instances politiques nous soutiennent, de même que l'électorat. Quelques associations, mais aussi le voisinage, nous ont mené la vie dure en jouant la carte de la temporisation. Concrètement, il s'agissait de recours, mais cela n'a rien d'exceptionnel, surtout en Suisse, où la population a son mot à dire. C'est ce qui explique notre retard pour la construction et l'ouverture.

Sabine von Fischer

LES REMOUS CAUSÉS PAR LES DIFFÉRENTS RECOURS ONT ÉTÉ RETRACÉS PAR BENEDIKT LODERER DANS LE PREMIER TOME DE CETTE SÉRIE, NOUS N'Y REVIENDRONS DONC PAS ICI.

Wiebke Rösler Häfliger

L'une des réussites du projet est certainement d'être porté à la fois par des sponsors privés et par la sphère publique. Somme toute, je trouve que les choses se sont très bien déroulées depuis le concours, il y a douze ans.

« Concevoir un projet de musée est une tâche formidable pour nous, car bien des espoirs quant à l'influence de l'architecture y convergent. »

« À Zurich, les gens diront donc aussi un jour : ‹ Et si on allait au Kunsthaus ? ›, sans savoir ce qu'on y expose alors. »

Sabine von Fischer
IL Y A EU QUELQUES AJUSTEMENTS AU NIVEAU DE LA TAILLE. QU'EN EST-IL À PRÉSENT ? LE BÂTIMENT EST-IL TROP GRAND OU PAS ?

Wiebke Rösler Häfliger
En matière d'urbanisme, avec la légère réduction de taille et le décalage de l'ensemble du volume, le développement de projet a permis une amélioration qualitative du parvis comme de la Heimplatz dans son ensemble. Avec, bien sûr, une répercussion positive sur les coûts. Nous avons développé ce nouveau bâtiment en collaboration avec les architectes et, comme toujours, qualité, délais et coûts – les trois facteurs que nous surveillons en tant que maître d'ouvrage mandaté – étaient au cœur des débats. La négociation s'est faite en continu. Je suis très contente que nous ayons mené à bien ce développement ensemble et que le bâtiment soit tel qu'il est – moins grand qu'il était prévu à l'origine. Maintenant, je le trouve parfait du point de vue de ses dimensions.

Christoph Becker
Nous avons conçu avec précision le programme de l'extension et planifié les surfaces nécessaires pour l'art et le public au XXIe siècle. Ces ajustements, comme vous les appelez, ont principalement été réalisés au niveau de zones qui n'affectent pas le fonctionnement muséal même, comme le parking souterrain. Mais si nous nous sommes agrandis, ce n'est pas juste pour une question de taille, c'est pour faire changer le caractère du musée : le doublement des surfaces totales n'équivaut pas au doublement des surfaces d'exposition. Il se fait principalement au bénéfice du public, ce qui modifie le caractère du Kunsthaus dans son ensemble : nous pouvons ainsi mettre à disposition des espaces plus nombreux et plus généreux, notamment dans le domaine de la médiation culturelle, ou encore louer les salles en partie prévues pour un usage public.

David Chipperfield
La question de la taille est épineuse : qu'est-ce qui se cache derrière ? La volonté d'exposer plus d'œuvres ou celle de vendre plus de billets ? À moins que le

musée ait surtout pour ambition de renforcer sa présence dans la ville ? Ces aspects vont parfois de pair, et parfois ils se font obstacle mutuellement – la pression qui s'exerce ici sur les directions de musées est énorme.

Christoph Felger

Pour nous, architectes, il était clair dès le début que l'extension pouvait – de par sa taille, son ampleur et son importance – faire de l'ombre au Kunsthaus existant. Nous l'avons compris très tôt, je crois. Pendant la phase initiale du concours, c'était précisément l'une de nos grandes réflexions : comment parvenir à l'autonomie de l'autre côté de la Heimplatz – puisque le bâtiment, de par sa situation, requiert cette autonomie – et, en même temps, créer un lien avec ce qui existe et lui rendre hommage ? Nous soutenons toujours notre solution d'un corps de bâtiment simple, clair et puissant. Les ajustements, qui représentaient environ 10 % du volume total, étaient finalement marginaux. Mais ils faisaient aussi partie de cette culture du débat qui, espérons-le, continuera à marquer de son empreinte la vie et l'identité du bâtiment.

David Chipperfield

Je confirme : les ajustements n'ont rien changé à la substance du bâtiment. La discussion, toutefois, était nécessaire pour que soient entendus tous ceux que sa taille inquiétait. Les deux grandes critiques émises sur notre projet étaient donc, d'une part, qu'il était trop grand et, d'autre part, qu'il était ennuyeux. Nous devions prendre ces discussions au sérieux, puisqu'au moment de monter le projet, nous n'avions aucun repère quant à l'effet qui serait produit. J'ai toujours été convaincu que la taille n'était pas la pierre d'achoppement. Le bâtiment est le quatrième côté manquant d'une place et apporte ainsi sa contribution à l'urbanisme. L'enjeu est d'intégrer de la Heimplatz à l'espace urbain. La contribution architecturale ne vient qu'en deuxième position. Qu'on reproche au projet d'être ennuyeux, en revanche, était plus problématique, surtout si l'extension était plus grande que le bâtiment original. Le respect pour la maison mère était pour nous une priorité.

« Le musée devient un lieu d'exception non seulement d'un point de vue intellectuel, mais aussi pour la ville – un lieu dédié à la liberté de la pensée. »

19

Christoph Felger

Par métaphore, nous avons souvent parlé de liens familiaux. Or, dans notre cas, l'enfant était d'emblée plus imposant que la mère. Il appartient sans conteste à une nouvelle génération. Nous avons placé au premier plan le principe d'ouverture : pour parvenir à l'intérieur du bâtiment Moser, très refermé sur lui-même, il faut d'abord oser franchir une petite porte. Dans le foyer, on constate ensuite que les salles, ces sanctuaires de l'art, sont tout, sauf inaccessibles ; à l'intérieur, elles sont ouvertes et baignées de lumière. Pour l'extension, nous voulions transposer vers l'extérieur cette expérience de l'espace intérieur et assurer un passage le plus fluide possible de l'extérieur vers l'intérieur en nous appuyant sur ce principe d'ouverture – le hall avec ses grandes baies.

David Chipperfield

Il n'est pas besoin pour cela de bâtiment tape-à-l'œil ou égocentrique. Nous voulions exprimer notre respect pour la maison mère de Karl Moser, en face, et pour l'ensemble du site que forment les différents bâtiments du Kunsthaus. Ainsi, la taille est induite par l'urbanisme et l'expression architectonique l'est par le vis-à-vis. L'extension veut s'intégrer sans paraître timide. Elle doit se montrer suffisamment sûre d'elle pour pouvoir réclamer la confiance et jouer un rôle de médiatrice.

Christoph Felger

Si l'on parle ici de confiance, c'est dans le contexte de la ville entière. À l'époque, le rapport du jury s'inquiétait que le bâtiment puisse être ennuyeux, mais aussi que sa façade en pierre naturelle produise un effet trop historique.

David Chipperfield

Sur cette question de la confiance, je voudrais tout spécialement adresser une remarque à nos collègues suisses : la perte de confiance en l'architecture est aussi liée à la disparition de l'artisanat. Souvent, l'effet optique doit remplacer la substance physique parce que l'exécution des travaux est de mauvaise qualité en bien des endroits. Dans le processus dont nous parlons ici, nous avons énormément profité du fait que

la qualité a toujours été une priorité. Nous travaillons dans beaucoup d'endroits où le triangle qualité / délais / coûts est aplati, la qualité étant la grande perdante : il n'est plus question que de temps et d'argent. Nous avons parfois douté, c'est vrai, mais a posteriori, nous pouvons dire sans hésiter que cet attachement à la qualité valait la peine et que c'est même ces conditions qui ont permis de créer ce qui était prétendument « ennuyeux ».

Wiebke Rösler Häfliger

(rit) : C'est très intéressant. Ce que dit David est tout à fait juste. Personnellement, je ne trouve pas le bâtiment ennuyeux du tout et, bien entendu, je suis fière que nous ayons pu obtenir un tel niveau de qualité avec les entrepreneurs. La qualité a été un pilier sur lequel nous avons pu nous appuyer. Quand on considère ce triangle d'or de la construction, il y a toujours un angle où il faut être flexible, et nous l'avons été.

Sabine von Fischer

LA MAJORITÉ SEMBLE S'ACCOMMODER RAPIDEMENT DE LA TAILLE. POUR CE QUI EST DE L'ASPECT ENNUYEUX, EN REVANCHE, IL SEMBLE QU'UN PEU PLUS DE TEMPS SOIT NÉCESSAIRE. IL FAUT DIRE QU'À TRAVERS L'EXPRESSION DE LA FAÇADE, VOUS AVEZ CRÉÉ UN PARADOXE : LE BÂTIMENT RESSEMBLE À UN COLOSSE ET, EN MÊME TEMPS, LE FLUX VERTICAL QUI L'ANIME EN FAIT AUSSI UNE CONSTRUCTION DÉLICATE, QUI RAPPELLE LE CARACTÈRE DIAPHANE DE L'ARCHITECTURE GOTHIQUE. COMMENT ÊTES-VOUS PARVENU À CE RÉSULTAT ?

Christoph Felger

L'idée d'un revêtement en pierre naturelle pour la façade est née de l'observation de la ville. À Zurich, beaucoup de bâtiments publics importants qui ont été construits par le passé sont dotés de belles façades en pierre naturelle. Nous voulions inscrire l'extension dans cette tradition, parce que nous y avons identifié un héritage de la culture architecturale zurichoise. Nous avons laissé la pierre brute de sciage et arrondi les lésènes des lignes verticales pour en permettre l'expérience tactile. Il y a eu sur ce point un long processus de concertation afin de convaincre nos différents interlocuteurs. Au début, beaucoup craignaient apparemment la lourdeur de ce monolithe. Et aujourd'hui, c'est sa légèreté qui surprend.

Sabine von Fischer
NOUS AVONS COMMENCÉ NOTRE DISCUSSION PAR LA DUALITÉ SPATIALE QUI OPPOSE PROTECTION ET OUVERTURE. AU NIVEAU DE LA FAÇADE, VOUS AVEZ TRAVAILLÉ AVEC LA DUALITÉ LOURDEUR ET LÉGÈRETÉ. COMMENT AVEZ-VOUS PU CONVAINCRE LES PARTIES PRENANTES D'UNE IDÉE AUSSI ABSTRAITE ?

Christoph Felger
Ce que nous avons présenté au concours était d'abord une promesse. Notre expérience nous a appris à mettre en place dès le début un processus de dialogue et de négociation ouvert et transparent. Après tout, c'est une grande preuve de confiance que nous demandons à la maîtrise d'ouvrage et à tous les participants. À Zurich, nous avons trouvé une oreille attentive, ce que j'ai ressenti aussi bien chez les représentants de la ville que chez ceux de la Kunstgesellschaft. D'entrée de jeu, il a régné un climat de transparence et de confiance, qui nous a permis de parler de tout, d'aller au fond des choses et de négocier en continu, y compris dans ce contexte du triangle « temps, argent et qualité ». Le motif de la façade a été très utile dans ce processus, il a été le lieu de nombreuses expérimentations pour arriver finalement à des décisions communes. Je crois qu'on sous-estime souvent à quel point la qualité d'une culture de l'échange est importante dans un processus de ce type.

David Chipperfield
D'une certaine façon, nous étions aussi protégés par le professionnalisme qui a présidé au déroulement du concours et, par la suite, à la mise au point du projet de construction par la ville. Cela concerne aussi la manière de faire face à la critique et aux recours. L'engagement professionnel de la part de la ville de Zurich et de la part du Kunsthaus a été essentiel pour le projet. Il nous est déjà arrivé qu'aux premières

difficultés, tout le monde déclare tout simplement forfait. Nos expériences à Berlin nous ont habitués à communiquer nos idées dans un climat sceptique. Au demeurant, cela n'a rien de négatif que les architectes soient forcés de s'expliquer. Les meilleurs projets, les plus réussis, naissent de ces processus menés dans un esprit de coopération. Se retrouver dans un groupe avec l'impression que tout le monde est du même côté, c'est très productif. Nous avons eu la grande chance d'être entourés de gens qui voulaient aussi faire avancer le projet. L'expérience a donc été non seulement couronnée de succès, mais aussi très réjouissante.

Christoph Becker
On pourrait croire que tout s'est déroulé simplement et sans accroche. Mais en Suisse, il arrive que la qualité soit elle aussi sous pression quand il s'agit de faire des compromis. Nous voulions voir se réaliser le projet de David Chipperfield Architects parce qu'il promettait de restituer au mieux nos contenus. Nous pouvions nous imaginer faire des compromis sur certains points, mais pas sur beaucoup. Et il y avait un petit groupe de personnes qui semblaient n'être focalisées que sur les compromis. Néanmoins, j'ai beaucoup apprécié qu'il y ait eu sur presque toute la durée du projet une grande cohésion des avis concernant la faisabilité et la réalisation concrète du projet, depuis le concept global jusqu'aux moindres détails. C'est une chance pour le projet « Kunsthaus », et cela ne va pas forcément de soi.

Wiebke Rösler Häfliger
La qualité présentée dans le projet architectural est l'essence de notre travail. Nous sommes fiers de permettre des projets et une architecture de qualité. En tant que maître d'ouvrage mandaté par la ville de Zurich, un pilier de notre activité est de mettre en œuvre les bons projets des architectes. C'est une réussite. Je suis vraiment heureuse. C'est beau.

Sabine von Fischer
APRÈS CE RETOUR EN ARRIÈRE ENTHOUSIASTE, REGARDONS VERS LE FUTUR : ON A VAGUEMENT ÉVOQUÉ L'IDÉE QUE LE NOUVEAU MARBRE BLANC

DE L'EXTENSION NE VIENNE PLUS DIRECTEMENT BUTER SUR L'ASPHALTE PROVISOIRE. LE CONCOURS REQUÉRAIT ÉGALEMENT DES IDÉES POUR LA HEIMPLATZ, ENTRE LE BÂTIMENT D'ORIGINE ET L'EXTENSION. L'ÉQUIPE DE DAVID CHIPPERFIELD ARCHITECTS A FAIT PREUVE DE HARDIESSE, EN IMAGINANT UNE CONNEXION QUI NE SOIT PAS UNIQUEMENT SOUTERRAINE, MAIS VISIBLE SUR LA PLACE : LE MARBRE CLAIR DEVAIT ÊTRE POSÉ SANS INTERRUPTION DEPUIS LE SOL DU FOYER JUSQU'AU SOL DU GRAND HALL, EN TRAVERSANT LA HEIMPLATZ. L'IDÉE A ÉTÉ REJETÉE. D'OÙ CETTE QUESTION À WIEBKE RÖSLER : Y A-T-IL UNE CHANCE QUE CETTE IDÉE SOIT RÉÉVALUÉE ?

Wiebke Rösler Häfliger

La rénovation de la Heimplatz est un sujet très complexe, avec des implications politiques qui n'entrent pas dans mon domaine de responsabilité. C'est l'Office des ponts et chaussées qui mène ce projet. À l'origine, la rénovation de la Heimplatz devait s'achever presque en même temps que les travaux du Kunsthaus, sinon avant. Mais cela n'a pas été possible pour des raisons politiques. La pression des usages de la place est énorme, y compris en matière de circulation. Le marbre s'impose, bien sûr, parce qu'il fait partie depuis des décennies des revêtements de sol devant le Kunsthaus. Il est protégé, et il est certain qu'il devra être prolongé d'une manière ou d'une autre. Actuellement, la Heimplatz a été remise en état avec un revêtement provisoire en asphalte qui la rend utilisable. Le recours au marbre a été examiné et on sait qu'il restera, mais seulement dans certaines zones. Il ne peut y avoir de marbre là où se trouve la chaussée, là où passent les camions. Mais il y aura sûrement aussi un nouveau revêtement partiel en marbre. Et nous attendons avec impatience la rénovation du marbre existant sur la Heimplatz.

David Chipperfield

Je dois avouer que je ne m'inquiète pas pour la Heimplatz encore en travaux. À l'achèvement d'un bâtiment, il est tout à fait normal que les environs ne soient pas terminés. Ce qui compte, c'est surtout que la Heimplatz devienne une place urbaine, qu'elle fasse partie de la ville. Elle devrait être influencée par les bâtiments environnants sans être écrasée. Les villes se développent avec le temps. Maintenant que l'extension du Kunsthaus est achevée, l'attention se reporte sur l'extérieur. La nouvelle situation apporte aussi un nouvel éclairage sur l'aménagement de la place, et donc aussi sur l'organisation de la circulation. Il n'est pas souhaitable d'avoir une continuité complète entre les bâtiments du Kunsthaus de part et d'autre de la place. En revanche, l'aménagement de l'espace urbain de la Heimplatz demande la plus grande attention.

Sabine von Fischer

NOUS PATIENTERONS DONC POUR LA PLACE. MAIS QUAND VERRONS-NOUS SI L'IDÉE DE CE BÂTIMENT, SON OUVERTURE ET SA DYNAMIQUE INTERNE, A ÉTÉ ADOPTÉE PAR LE PUBLIC ?

Wiebke Rösler Häfliger

À mon avis : tout de suite ! Le bâtiment se dresse sur la place et lui donne de nouvelles dimensions, d'ores et déjà perceptibles. L'installation de Pipilotti Rist, « Tastende Lichter », illumine et anime les façades. J'ai bon espoir que les gens profiteront de cet espace extérieur avant l'inauguration, cet automne, et qu'ils bénéficieront de cette situation nouvelle. Le bâtiment définit le plus naturellement du monde cette place et l'espace urbain alentour.

Christoph Becker

L'environnement urbain s'est déjà transformé au cours des derniers mois. On remarque un afflux de galeries dans la Rämistrasse, dans la zone autour du Kunsthaus, et jusque dans la vieille ville. Le bar du Kunsthaus entraîne un rehaussement de l'offre gastronomique, et la restauration lancera des initiatives pour absorber l'afflux de public sur ce nouveau site. C'est déjà ce qui se passe. Un nouveau centre culturel se développe, auquel contribue très certainement aussi le Schauspielhaus. Le jardin est également un élément majeur de notre concept : par rapport à il y a dix ou quinze ans, le rôle attribué à l'arrivée dans la sphère culturelle, à l'entrée dans les bâtiments qui sont consacrés à la culture, a changé. Le public ne perçoit pas seulement l'intérieur des institutions culturelles, mais aussi leur environnement. Le jardin a donc une fonction décisive pour l'ensemble. David a développé à cet effet une architecture paysagère propre – la rondelle –, qui est déjà réalisée.

Sabine von Fischer
DAVID CHIPPERFIELD, VOUS AVEZ CONSTRUIT DES MUSÉES DANS LE MONDE ENTIER ET VOUS AVEZ AUSSI VU COMMENT ILS SE SONT DÉVELOPPÉS. QUEL EST VOTRE SOUHAIT POUR L'AVENIR DU KUNST-HAUS DE LA HEIMPLATZ ?

David Chipperfield
Une fois le bâtiment achevé, les architectes se retirent. Après la construction, ce n'est plus notre projet, nous passons le relai à d'autres. Notre mission consiste seulement à poser les priorités dans le bon ordre. L'architecture ne doit pas prendre trop d'importance, elle ne doit jamais concurrencer l'art, par exemple. Mais elle doit être suffisamment importante pour renforcer l'expérience artistique. Essayer d'atteindre cet équilibre est indispensable, même si ce n'est pas facile. Dans les années 1980, quand furent créés de nombreux musées à l'architecture extravagante, le célèbre critique d'art David Sylvester a déclaré : « L'art n'a pas de pire ennemi que l'architecte. » C'était une réaction à une époque où les architectes canalisaient mal leur énergie créatrice. Si on nous demande toujours de concevoir des musées, c'est parce que nous nous efforçons de créer un équilibre entre l'intégrité architecturale et l'infrastructure des espaces, l'orientation et tous ces aspects qui ont aussi beaucoup à voir avec la perception. Je suis confiant : ce musée est un fier exemple d'infrastructure muséale, que les directeurs et les commissaires présents et à venir utiliseront avec intelligence.

Sabine von Fischer
CHRISTOPH FELGER, APRÈS DOUZE ANS DE TRAVAIL INTENSE, VOUS N'AVEZ PAS PU ASSISTER À L'INAUGURATION À CAUSE DE LA PANDÉMIE, NI ENCORE PU FAIRE L'EXPÉRIENCE DU BÂTIMENT ACHEVÉ. QU'EST-CE QUI VOUS ATTEND ?

Christoph Felger
Comme le dit David : la vie et les événements artistiques doivent être placés au centre, pas la construction. Pour l'architecture, je ferais donc le vœu qu'elle soit finalement perçue comme un « à-côté majeur ». L'année dernière, des connaissances de Zurich me tenaient régulièrement au courant, et j'ai constaté avec plaisir qu'en passant devant le bâtiment en tram ou à pied, elles le voyaient désormais comme un élément naturel de la ville.

Sabine von Fischer
JE VOUS SOUHAITE ET JE NOUS SOUHAITE À TOUS DE POUVOIR BIENTÔT VOYAGER À NOUVEAU ET FAIRE L'EXPÉRIENCE PHYSIQUE DE CES ESPACES. MERCI À VOUS POUR CETTE DISCUSSION PASSIONNANTE.

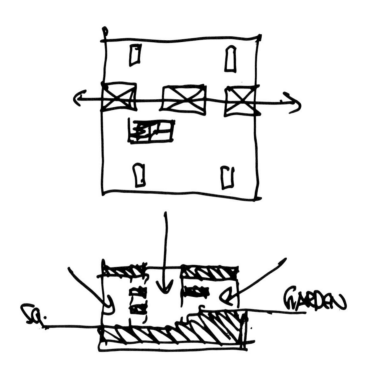

Christoph Felger
architecte associé et
directeur du design
chez David Chipperfield
Architects Berlin

Le projet pour l'extension du Kunsthaus Zürich illustre cette conviction qui est la nôtre : tout nouveau bâtiment devrait d'abord être un bâtiment né de sa localisation et de sa culture, de son environnement social et physique – « a local building of its place », une construction locale ancrée dans son site.

À travers notre perception marquée par la culture, nous associons à l'idée d'une ville qui nous est familière des caractéristiques formelles – rues, ruelles, place ou pâté de maisons. Mais d'autres propriétés, comme la hiérarchie typologique, la compacité architecturale, la diversité fonctionnelle, la densité sociale et l'entretien du paysage urbain, déterminent également la réflexion sur la qualité de nos villes. En usant avec discernement des critères que sont les échelles, la forme et la matérialité, nous pouvons présider à la symbiose de l'urbanisme et de l'architecture ainsi qu'à son effet sur les êtres humains. Dans le meilleur des cas, nous pouvons la modeler de sorte que les espaces et les lieux créés aient une influence positive sur nous et sur notre bien-être.

Dans une ville telle que Zurich, l'équilibre entre les éléments évoqués génère depuis toujours certaines sensations – la sécurité, la protection, l'appartenance. Celles-ci évoquent pour nous les valeurs d'une société civile éclairée et façonnent encore aujourd'hui notre représentation du progrès, de l'autodétermination et de la participation.

En même temps, comme nombre de villes jamais détruites et en continuelle évolution, Zurich se construit toujours sur des éléments préexistants. Aucun bâtiment ne se dresse de manière autonome, tout simplement détaché de son contexte. À Zurich aussi, l'architecture fait donc toujours partie intégrante de ce qui se trouve déjà là ; elle relève par conséquent de souvenirs et de sentiments liés à des « lieux existants » et de leur signification intemporelle pour leurs habitants. Dans cette perspective, déceler et comprendre les caractéristiques propres au terrain à bâtir sur la Heimplatz constitue la base créative de notre approche urbanistique et architecturale. Ce sont elles qui déterminent nos stratégies pour le projet d'extension du Kunsthaus Zürich.

Zurich, qui a connu une croissance constante, irradie d'une manière particulière la tranquillité et la sagesse urbaines, qui semblent reposer sur une compréhension visionnaire du « changement par la continuité » ou, à l'inverse, de la « continuité par le changement ». En tant qu'architectes, nous observons depuis des années une compétition mondiale de plus en plus dynamique entre les villes. Zurich aborde cette concurrence avec une attraction urbaine incomparable, qui donne aussi à la ville son caractère unique. À Zurich, exubérance urbaine et prétention architectonique ne sont ni nécessaires ni appropriées. On dirait plutôt qu'une loi implicite établit entre le volume architectural de la ville et les conditions et besoins de sa population un rapport pondéré, mesuré et opportun. L'architecture publique semble alors avoir la valeur d'un « à-côté majeur ». Dans ce contexte, toute intervention architecturale, y compris sur la Heimplatz, doit se confronter à cette image urbaine dominante d'une ville « en harmonie avec elle-même » et se positionner par rapport à elle.

Le cahier des charges du concours prévoyait que les surfaces du Kunsthaus existant soient plus que doublées, le musée d'art devenant ainsi le plus grand de Suisse. L'extension devait accueillir les collections d'art moderne, la collection Emil Bührle, des expositions temporaires ainsi que l'art contemporain à compter des années 1960. Par un passage visiteurs sous la Heimplatz, elle devait en outre assurer la liaison spatiale et fonctionnelle avec le Kunsthaus en place.

Face à cet objectif, nous étions conscients dès le début que l'extension, en matière de taille, d'ampleur et d'importance, pouvait faire de l'ombre aux bâtiments culturels qui se dressent déjà sur la Heimplatz : le Kunsthaus et le Schauspielhaus. En définitive, notre but était de réussir – tant du point de vue de l'architecture que de l'urbanisme – cet équilibre subtil par lequel l'extension trouverait à travers ses dimensions l'autonomie qui lui revient, tout en adoptant une posture fédératrice et en rendant hommage aux bâtiments existants.

Devant cette compréhension dominante de la ville comme une « unité harmonieuse dont le changement passe par la continuité », nous avons choisi pour approche « la cohérence et la discrétion dans la construction », à travers la reprise et le développement de caractéristiques et de principes propres au lieu. Partant de là, nous voulions surtout créer à travers l'extension du Kunsthaus Zürich un espace évident de rencontre, de séjour et de contemplation, à Zurich et pour Zurich.

Notre projet oppose au carrefour bruyant et animé de la Heimplatz un lieu calme et convivial d'interaction sociale, mais aussi d'appréciation individuelle de l'art. À travers son caractère affirmé, le bâtiment doit en outre apporter à la Heimplatz l'achèvement urbanistique qui lui fait encore défaut à ce jour. Sur la Heimplatz, les architectures étant très disparates et la circulation dense, nous avons fait le choix d'un bâtiment horizontal, apaisé, placé suffisamment loin de la circulation, le long du côté nord de la place.

Conformément au « changement par la continuité », l'apparence de l'extension tire sa source de modèles avoisinants : les façades traditionnelles en pierre naturelle telles qu'on en trouve sur le Kunsthaus de Karl Moser et dans de nombreux autres grands bâtiments publics de Zurich. Elles symbolisent l'histoire architecturale de Zurich et l'influence esthétique d'une société civile éclairée, dans la continuité desquelles nous voulons inscrire notre extension. Grâce à de fines lésènes agencées avec régularité et des surfaces sciées en calcaire de Liesberg, l'extension réunit l'artisanat traditionnel et novateur, ancrant ainsi le bâtiment dans la modernité de son contexte architectural.

Concernant l'emplacement et la taille, ainsi que la signification qui en découle pour l'ensemble du Kunsthaus, notre ambition était de créer à travers une forme architecturale claire et simple un lieu-repère entre la Heimplatz, au sud, et le nouveau jardin, au nord. En même temps, le nouveau bâtiment, suivant nos convictions, devait permettre d'exposer des œuvres d'art à la lumière du jour et, dans un jeu de regards directs avec le voisinage immédiat, placer l'expérience artistique dans une atmosphère la plus naturelle et la plus familière possible.

Dans l'interaction entre les volumes du bâtiment et le placement, l'extension, telle un paisible cube, devient la « colonne vertébrale » urbanistique de la Heimplatz. La sobriété formelle du nouveau bâtiment lui permet de servir d'intermédiaire entre toutes les constructions existantes et de les réunir pour former un ensemble urbain de premier plan – la Heimplatz, désormais fermée sur ses quatre côtés. « Porte des arts », la nouvelle Heimplatz marque aussi le prélude urbanistique à l'« artère universitaire » entre le campus à proximité, au nord, et la vieille ville historique, au sud. Dans cette fonction, plus qu'un simple carrefour de circulation, elle devient aussi un nouveau « lieu de répit » et constitue un élément socio-urbain essentiel reliant deux quartiers très différents.

Le terrain, correspondant autrefois à l'emplacement de l'ancienne école cantonale, comprenait également une voie publique naturelle, un raccourci pédestre vers la montagne ou vers le lac, à l'écart de la circulation routière. Cette idée séduisante nous a poussés à appliquer à la nouvelle extension cette « qualité publique » déjà inhérente au site. C'est sur ce principe de passage, peut-être oublié aujourd'hui, que repose le vaste hall d'entrée qui, du nord au sud, s'étend sur toute la longueur du bâtiment, avec ses grandes fenêtres du sol au plafond, bien visibles de l'extérieur. À travers ses baies vitrées, il relie le jardin à la Heimplatz et, ainsi, le bâtiment à la ville. De là sont accessibles tous les usages du bâtiment – médiation culturelle, salle de réception, boutique, bar, ainsi que 33 salles d'exposition de différentes tailles sur deux étages. Grâce à la multiplicité de ses points de vue entre extérieur et intérieur, le hall est la clef de voûte du bâtiment. Les visiteurs peuvent le découvrir et y accéder, même sans billet pour le musée. C'est pour cette raison, et parce que toutes les fonctions y convergent, que le hall peut être désigné comme le cœur architectural du nouveau bâtiment. Ses nombreuses possibilités d'animation sauront contribuer à la vocation publique du Kunsthaus Zürich, lieu culturel vivant.

L'organisation intérieure du bâtiment repose sur l'idée d'un « ensemble d'espaces » tous différents. Le rythme et la succession de salles d'exposition de dimensions variées offrent une expérience spatiale dynamique tout au long du parcours d'exposition, qui doit placer en son centre l'expérience artistique et non l'architecture. C'est aussi ce qui explique la discrétion matérielle, qui donne la primauté à une pénétration maximale et diversifiée de la lumière naturelle – latérale par les verrières du premier étage, verticale par les puits de lumière du deuxième étage. Dans le contexte des objectifs de durabilité de la « Société à 2000 watts » formulés pour la ville de Zurich, le concept matériel correspond effectivement à notre philosophie d'une économie de moyens adéquate. Les murs porteurs et les plafonds en béton recyclé, activés thermiquement et laissés apparents, déterminent pour l'essentiel l'atmosphère intérieure. Seules quelques applications de matériaux viennent compléter la charte matérielle axée sur l'expérience directe, tactile, et prolongent le concept urbanistique et architectural de « clarté et simplicité ». Des panneaux muraux en barres rondes de laiton non traité, qui améliorent l'acoustique et abritent les installations techniques, des planchers en chêne massif dans les salles d'exposition et, pour les espaces publics, un sol en marbre repris du bâtiment Moser créent un contraste complémentaire avec le béton apparent omniprésent. À la différence des espaces d'exposition pour la collection d'art moderne et des surfaces d'exposition temporaire dont l'atmosphère est plutôt tout en retenue, de fines surfaces d'enduit minéral aux couleurs contrastées élargissent l'expérience spatiale dans les salles de la Collection Emil Bührle au deuxième étage. Associées à une ligne d'horizon en laiton à hauteur des portes, elles répondent principalement au besoin d'intimité des œuvres d'art impressionnistes de petit format qui sont exposées dans ces salles.

Notre désir est que l'extension du Kunsthaus Zürich soit perçue comme un élément faisant naturellement partie de la ville. L'avenir dira si nous y sommes parvenus. Ce n'est pas à nous architectes, qu'il revient de ressentir cette résonance, qu'elle soit positive ou négative, mais à celles et ceux qui habitent et visitent la ville de Zurich.

Vue sud depuis la Heimplatz

—
Vue du sud-est

—
Entrée principale
sur la Heimplatz

Façade côté Heimplatz (vue sud)

—
Vue de l'est,
vers le bâtiment Moser

Vue du nord-ouest

Détail de la façade

Page suivante :
Façade vers le jardin
(façade nord)

Hall, entrée boutique

café, bar

—
Page suivante :
Hall central, vue vers le sud

FEESTZAAL BALLROOM
PASSAGE

Caisse et information

—
Entrée salle de réception,
rez-de-chaussée

caliers vers le passage,
z-de-chaussée

—
Page suivante :
Salle de réception

—
Hall central,
vue vers le nord

SAMMLUNG COLLECTION

LIFT ELEVATOR

—
Cage d'escalier,
passage vers le jardin

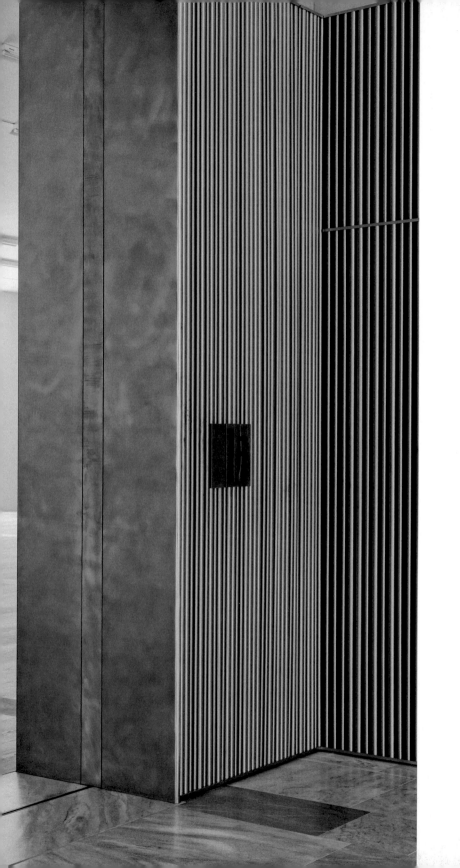

Vue sur une salle des collections

Salles des collections,
premier étage

—
Salle d'exposition temporaire,
deuxième étage

—
Salles des collections,
deuxième étage

Salle des collections,
deuxième étage

Plan de masse

↑ N
100 m ├─────────────────┤

Plan de situation

↑ N
50 m

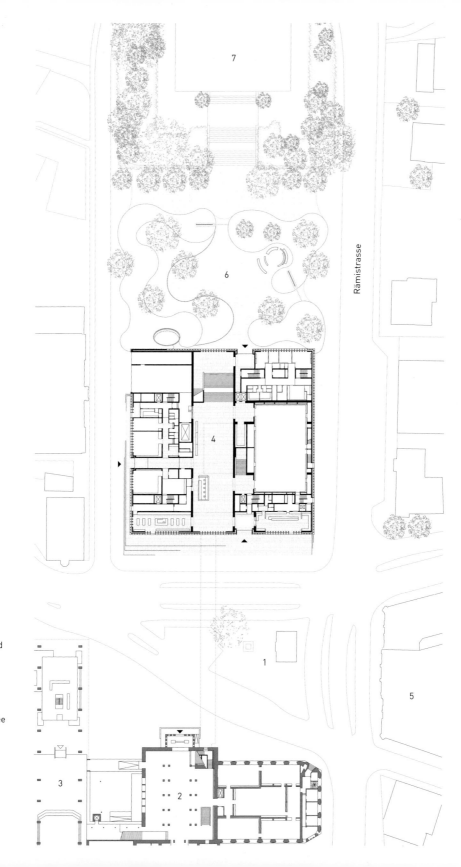

Rämistrasse

1 Heimplatz
2 Bâtiment Moser
3 Bâtiment Pfister
4 Bâtiment Chipperfield
5 Schauspielhaus
6 Jardin
7 Alte Kantonsschule

Plan du rez-de-chaussée
et de ses abords

N
m

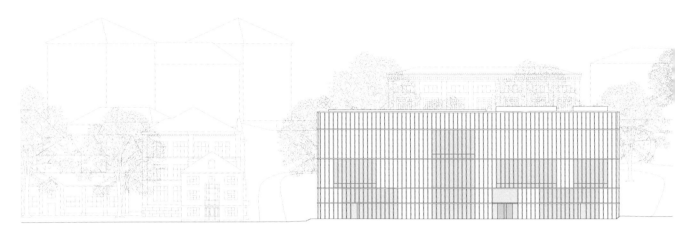

Vue sud

20 m

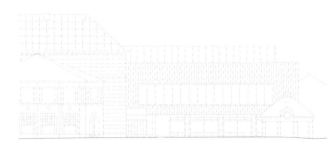

Vue est

20 m

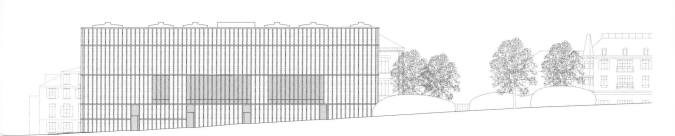

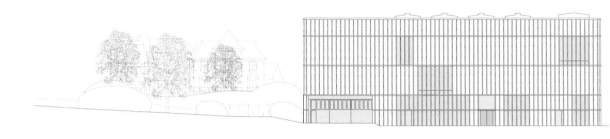

Vue ouest

20 m

Vue nord

20 m

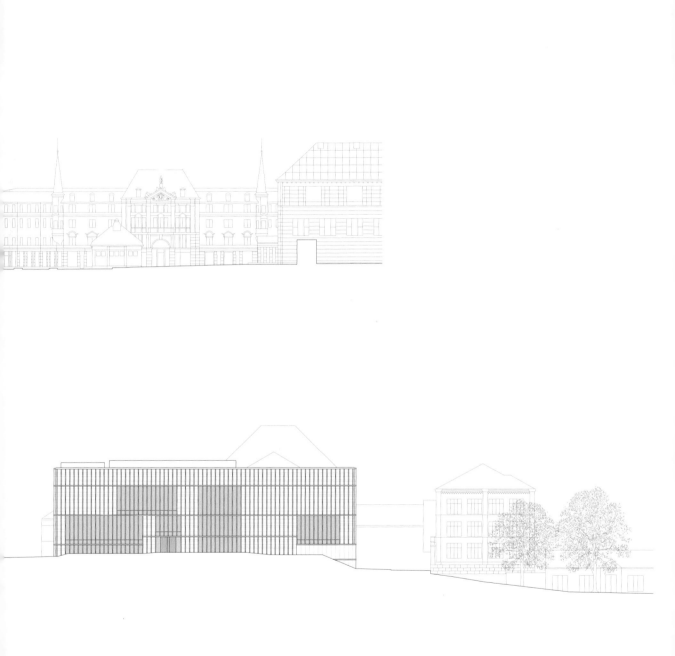

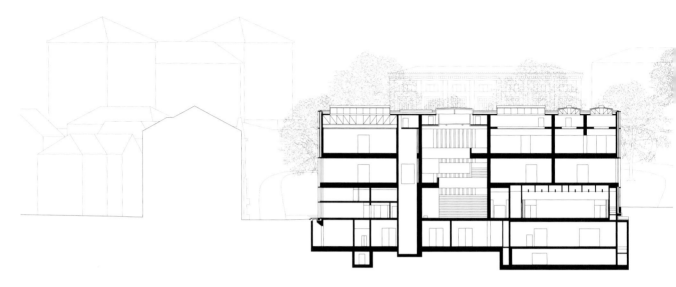

Coupe transversale A-A

20 m

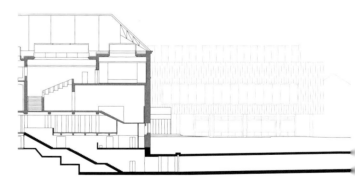

Coupe longitudinale B-B

20 m

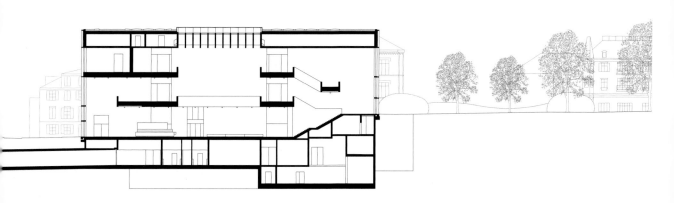

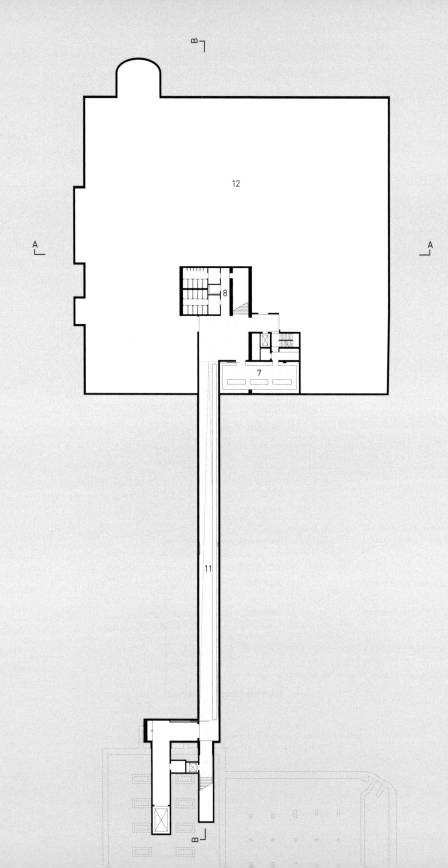

Plan du premier sous-sol
Espace public

↖N
20 m

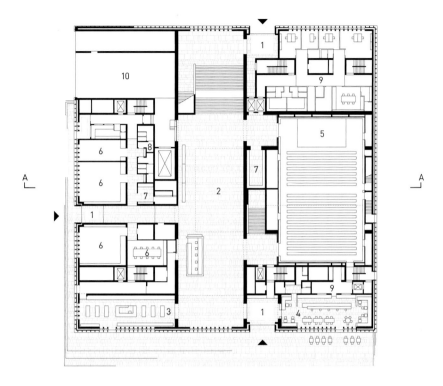

an du rez-de-chaussée

N
m

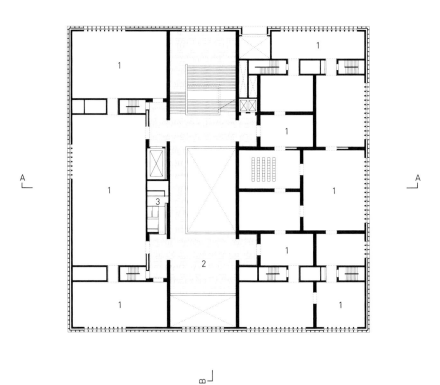

1 Salles des collections
2 Hall central
3 Toilettes

Plan du premier étage
Collection

↖N
20 m

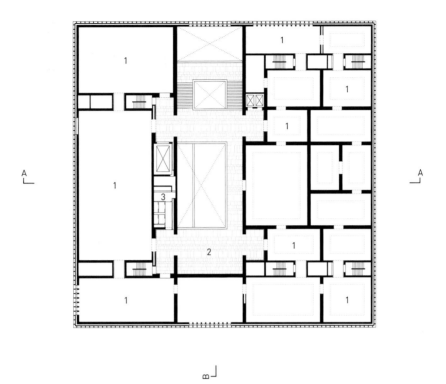

Plan du deuxième étage
Collection et exposition

N

m

1 Façade en pierre naturelle (de l'extérieur vers
  l'intérieur) :
  · lésènes, arrondies, maçonnées, avec ancrage arrière
    anti-bascule dans le mur porteur
  · isolation en laine de roche
  · béton armé avec activation thermique
  · enduit intérieur
2 Élément préfabriqué en béton reconstitué
3 Lésènes devant les fenêtres : élément préfabriqué en
  béton reconstitué
4 Protection extérieure contre le soleil :
  · stores verticaux en tissu, résistants au vent
  · motorisés, reliés au système de sécurité incendie
  · profilés latéraux de guidage des stores derrière
    l'habillage en tôle des tableaux de fenêtre
5 Fenêtre :
  · châssis en aluminium avec rupture thermique,
    laque couleur, périphérique, du sol au plafond
  · joints périphériques d'isolation thermique, étanches
    à la vapeur à l'intérieur et imperméables à l'extérieur
  · habillages en tôle des tableaux latéraux, dessous
    protection contre le soleil, tôle en bas et rebord de
    fenêtre en tôle d'aluminium, laque couleur
  · triple vitrage en verre blanc
    Ensemble de la construction RC4/P6B
    (sans certificat)
6 Store intérieur avec tissu tamisant :
  · enroulement à contre-traction (guidage du haut vers
    le bas, motorisé)
  · profilés latéraux de guidage des stores en tôle
    d'aluminium, laque couleur
  · révision par une trappe au sol, entre les piliers
7 Piliers intérieurs :
  porteurs, en béton armé, enduits
8 Canal d'air frais :
  sorties d'air via la jointure entre mur et sol

Détail de la façade

1 m

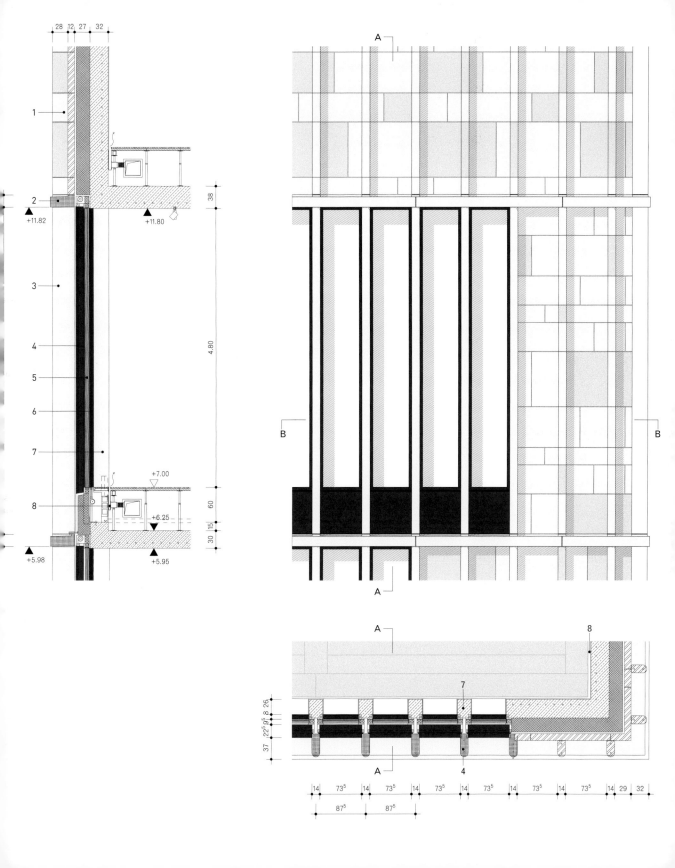

Façade côté Heimplatz (vue sud)

FAITS ET FONCTIONS

CONCOURS
2008

DÉBUT DU PROJET
2009

DÉBUT DES TRAVAUX
2015

ACHÈVEMENT
2020

OUVERTURE
2021

SURFACE DE PLANCHER
23 300 m²

MAÎTRE D'OUVRAGE
Einfache Gesellschaft Kunsthaus
Erweiterung – EGKE

MANAGEMENT MAÎTRISE D'OUVRAGE
Office des constructions de la ville de Zurich

PROPRIÉTAIRE
Stiftung Zürcher Kunsthaus

EXPLOITANT
Zürcher Kunstgesellschaft

ARCHITECTE
David Chipperfield Architects
Berlin

ARCHITECTES ASSOCIÉS
David Chipperfield
Christoph Felger (directeur du design)
Harald Müller

DIRECTION DE PROJET
Hans Krause (concours 2008)
Barbara Koller (2009-2016)
Jan Parth (2017-2021)

ÉQUIPE PROJET

Markus Bauer
(directeur de projet suppléant, 2009-2014)
Robert Westphal
(directeur de projet suppléant, 2015-2020)
Wolfgang Baumeister
Leander Bulst
Beate Dauth
Kristen Finke
Pavel Frank
Anne Hengst
Ludwig Jahn
Frithjof Kahl
Guido Kappius
Jan-Philipp Neuer
Mariska Rohde
Diana Schaffrannek
Eva-Maria Stadelmann
Marc Warrington

Graphisme, visualisation
Konrad Basan
Dalia Liksaite
Maude Orban
Ken Polster
Antonia Schlegel
Simon Wiesmaier
Ute Zscharnt

ÉQUIPE CONCOURS

Ivan Dimitrov
Kristen Finke
Annette Flohrschütz
Pavel Frank
Gesche Gerber
Peter von Matuschka
Sebastian von Oppen
Mariska Rohde
Franziska Rusch
Lilli Scherner
Lani Tran Duc
Marc Warrington

Graphisme, visualisation
Dalia Liksaite
Antonia Schlegel
Ute Zscharnt

En collaboration avec

PLANIFICATION DES COÛTS, DATES, APPEL D'OFFRES

b + p baurealisation AG, Zurich

DIRECTION DES TRAVAUX

b + p baurealisation AG, Zurich
David Michel, Christian Gruober,
Lena Ackermann, Hannes Mathis

DIRECTION GÉNÉRALE

Niels Hochuli, Dreicon AG, Zurich

INGÉNIERIE DES STRUCTURES

IGB Ingenieurgruppe Bauen,
Karlsruhe
dsp – Ingenieure & Planer AG,
Greifensee
Ingenieurgemeinschaft
Kunsthauserweiterung, Zurich

INSTALLATIONS TECHNIQUES

Polke, Ziege, von Moos AG, Zurich
Hefti. Hess. Martignoni. Holding AG,
Aarau

PHYSIQUE DU BÂTIMENT

Kopitsis Bauphysik AG, Wohlen

EXPERT SÉCURITÉ INCENDIE

Gruner AG, Bâle
ContiSwiss, Zurich

PLANIFICATION DES FAÇADES

Emmer Pfenninger Partner AG,
Münchenstein

CONCEPTION LUMIÈRE

lumière artificielle
matí AG Lichtgestaltung, Adliswil

lumière naturelle
Institut für Tageslichttechnik,
Stuttgart

SIGNALÉTIQUE

L2M3 Kommunikationsdesign
GmbH, Stuttgart

PAYSAGISTE

Wirtz International nv, Schoten
KOLB Landschaftsarchitektur
GmbH, Zurich

MENTIONS LÉGALES

Cette publication accompagne l'ouverture de l'extension du Kunsthaus Zürich a l'automne 2021.

Elle a été réalisée avec le soutien financier de la « Einfache Gesellschaft Kunsthaus-Erweiterung » (EGKE).

–

Conception éditoriale et rédaction :
Kunsthaus Zürich,
David Chipperfield Architects Berlin
Traduction: Isabelle Liber
Relecture: Valentine Meunier
Conception graphique : Büro4, Zurich
Lithographie, impression et reliure :
DZA Druckerei zu Altenburg GmbH, Thuringe

–

© 2020 Einfache Gesellschaft Kunsthaus-Erweiterung, Zürcher Kunstgesellschaft/Kunsthaus Zürich et Verlag Scheidegger & Spiess AG, Zurich

–

Verlag Scheidegger & Spiess
Niederdorfstrasse 54
8001 Zurich
Suisse
www.scheidegger-spiess.ch

–

La maison d'édition Scheidegger & Spiess bénéficie d'un soutien structurel de l'Office fédéral de la culture pour les années 2021-2024.

ISBN 978-3-03942-028-5

Édition allemande :
ISBN 978-3-03942-026-1

Édition anglaise :
ISBN 978-3-03942-027-8

CRÉDITS ICONOGRAPHIQUES

Portrait, page 6 :
© Benjamin McMahon
Esquisse du projet, page 24 :
© Christoph Felger /
David Chipperfield Architects Berlin
Portrait, page 25 :
© Marion Schönenberger
pour David Chipperfield Architects Berlin
Photographies, pages 30-67, 84 :
© Noshe
Plans, pages 68-83 :
© David Chipperfield Architects Berlin